DE L'INSTRUCTION PRATIQUE

DES ÉTATS-MAJORS

EN VENTE A LA MÊME LIBRAIRIE

MÉLANGES MILITAIRES

PREMIÈRE SÉRIE

CONTENANT

LES PRINCIPAUX ARTICLES PUBLIÉS

DANS LE

BULLETIN DE LA RÉUNION DES OFFICIERS

EN 1871 ET 1872

5 VOLUMES PETIT IN-8° CARTONNÉS

Prix : 25 fr.

Il ne reste qu'un très-petit nombre de collections complètes.

203 — Paris, imp. A. Dutemple, 64, ue Bonaparte.

PUBLICATION DE LA RÉUNION DES OFFICIERS

DE

L'INSTRUCTION PRATIQUE

DES

ÉTATS-MAJORS

PARIS
CH. TANERA, ÉDITEUR
LIBRAIRIE POUR L'ART MILITAIRE ET LES SCIENCES
Rue de Savoie, 6

1873

DE

L'INSTRUCTION PRATIQUE

DES ÉTATS-MAJORS

La paix doit être une préparation constante à la guerre ; on ne saurait trop le répéter. Cependant ce sont précisément ceux qui ont le rôle le plus difficile et le plus important à la guerre qui pendant la paix sont le moins initiés à leur rôle en campagne.

Nous entendons parler des officiers d'état-major. Ces officiers peuvent, il est vrai, étudier et compulser les auteurs qui ont traité cette question ; mais y en a-t-il beaucoup qui le fassent, et, en tous cas, n'est-il pas temps de comprendre que rien ne remplace la pratique dans les études militaires, comme dans toutes les études qui n'ont pas pour objet des sciences abstraites, mais des applications de principes ?

En Prusse et en Russie on a imaginé, depuis plusieurs années, de faire faire aux officiers des voyages dits d'état-major, dans lesquels ils exécutent sur le terrain tous les travaux qui doivent leur incomber en temps de guerre.

Cette méthode est excellente ; elle est certainement appelée à produire d'immenses résultats au point de vue de l'instruction des officiers, et bien qu'elle soit fort connue et pour ainsi dire dans le domaine commun, nous avons pensé qu'il pourrait être fort utile de tâcher de faire un programme raisonné pour ces études, afin de hâter et de faciliter leur application dans notre armée.

Nous préférons employer l'expression d'*instruction pratique des états-majors*, parce qu'elle nous semble mieux exprimer le besoin qui se fait sentir ; d'ailleurs des voyages pourraient être faits par des groupes d'officiers dans un tout autre but, pour étudier, par exemple, des champs de bataille connus, des théâtres de guerre, sans avoir en vue l'instruction spéciale des états-majors. Ces voyages seraient très-utiles à organiser comme complément de l'instruction supérieure des officiers, mais cela serait sortir de notre cadre et nuire au but que nous proposons, de les confondre avec les opérations spéciales que nous allons succinctement résumer.

Il s'agit de faire faire, autant que possible, aux officiers tout ce qu'ils auront à faire en campagne, en composant des divisions et des corps d'armée d'une manière fictive comme troupes et effective comme états-majors, de manière que tous les ordres de préparation et d'exécution soient donnés, et que tous les travaux d'étude et de reconnaissances soient faits comme si l'armée était réellement organisée.

La première chose à étudier sera donc la composition du personnel effectif : nous verrons ensuite successivement les différents degrés de l'instruction (exercices de division, de corps d'armée et d'armée) et les différentes opérations de chacun de ces exercices.

Il nous paraîtrait en effet fâcheux de commencer de suite par les exercices de corps d'armée ou d'armée ; ces exercices comprennent, il est vrai, les exercices plus simples de division ; mais il faut aller lentement pour aller sûrement, et il est nécessaire que les généraux et chefs d'état-major puissent corriger avec fruit ces premiers travaux avant d'entreprendre une série d'opérations plus difficiles.

I. — DU PERSONNEL EMPLOYÉ.

Il est bien entendu que s'il s'agit de spécialité d'instruction, il ne s'agit pas de spécialité d'arme. Il faut initier le plus d'officiers possible au service des états-majors, de même qu'il serait si désirable d'initier davantage les officiers d'état-major au service des régiments.

Nous prendrons donc, pour remplir les états-majors, un grand nombre d'officiers de troupe dans de telles conditions, qu'ils puissent travailler avec profit pour leur instruction.

RÉPARTITION DU PERSONNEL.

1° Les états-majors d'une division seront ainsi composés :

État-major divisionnaire.

Chef d'état-major : un chef d'escadron d'état-major.
Adjoints : deux capitaines d'infanterie.

Première brigade.

Chef d'état-major : un capitaine d'état-major.
Bataillon de chasseurs : un lieutenant d'infanterie.
1er *régiment* : un capitaine d'infanterie, plus un lieutenant par chaque bataillon.
2e *régiment* (comme le premier).

Deuxième brigade.

(Comme la première, sauf le bataillon de chasseurs en moins.)

Artillerie.

Quatre batteries : un capitaine d'artillerie, plus un lieutenant par batterie.

Génie.

Une compagnie : un capitaine ou lieutenant du génie.

Cavalerie.

Un régiment de cavalerie légère : un capitaine de cavalerie, plus un lieutenant par escadron.

Intendance.

Un adjoint de 2ᵉ classe, plus deux officiers d'administration des subsistances.

Train des équipages.

Un lieutenant du train.

Cela ferait, en supposant les régiments à trois bataillons :

Officiers d'état-major.	3
Capitaines d'infanterie.	6
Lieutenants id.	13
Capitaine de cavalerie.	1
Lieutenants id.	4
Officiers d'artillerie.	5
Officier du génie.	1
Fonctionnaire de l'intendance.	1
Officiers d'administration.	2
Officier du train.	1

Soit un total de... 37 officiers.

Nous donnons ci-dessus la composition que nous croyons nécessaire pour la parfaite exécution, dans tous leurs détails, des exercices divisionnaires.

Pour les exercices de corps d'armée et d'armée, on pourra réduire le nombre d'officiers en supprimant : un capitaine d'infanterie adjoint à la division, deux lieutenants par régiment, deux lieutenants d'artillerie et un officier d'administration.

La composition sera alors la suivante :

Officiers d'état-major	3
Capitaines d'infanterie	5
Lieutenants d'infanterie	5
Capitaine de cavalerie	1
Lieutenants de cavalerie	2
Officiers d'artillerie	3
Officier du génie	1
Fonctionnaire de l'intendance	1
Officier d'administration	1
Officier du train	1
Soit un total de	23 officiers.

2° Les états-majors du corps d'armée seront ainsi composés :

État-major général.

Chef d'état-major : un colonel ou lieutenant-colonel d'état-major.
Sous-chef : un chef d'escadron d'état-major.
Adjoints : deux capitaines d'état-major.
   Id. : deux capitaines d'infanterie.

Première division d'infanterie.

(Comme au tableau ci-dessus.)

Deuxième division d'infanterie.

(Id.)

Troisième division d'infanterie.

(Id.)

Division de cavalerie (ou brigade).

Chef d'état-major : un chef d'escadron d'état-major
Adjoints : deux capitaines de cavalerie.
Deux brigades : six capitaines et huit lieutenants.
Deux batteries à cheval : un capitaine et un lieutenant.
Intendance : un adjoint et un officier d'administration.

Réserve d'artillerie.

Chef d'état-major : un chef d'escadron d'artillerie.
Adjoints : quatre capitaines et quatre lieutenants.
Génie : un capitaine et un lieutenant.
Intendance : un adjoint de 1re classe et deux officiers d'administration.
Train des équipages : un capitaine du train.

Cela fera, pour l'ensemble des états-majors du corps d'armée :

	État-major du corps d'armée.	Trois divisions d'infanterie.	Division de cavalerie.	Totaux.
Officiers d'état-major..	4	9	1	14
Capitaines d'infanterie.	2	15	»	17
Lieutenants id.	»	15	»	15
Capitaines de cavalerie.	»	3	8	11
Lieutenants id.	»	6	8	14
Capitaines d'artillerie..	5	3	1	9
Lieutenants id.	4	6	1	11
Officiers du génie....	2	3	»	5
Fonctionnaires de l'intendance...........	1	3	1	5
Officiers d'administration............	2	3	1	6
Officiers du train,....	1	3	»	4
Totaux en officiers....	21	69	21	111

3° Il serait facile de donner également la composition des états-majors d'une armée, mais les exemples ci-dessus doivent parfaitement suffire pour faire comprendre le principe. Pour les exercices de division nous pensons qu'il sera bon de représenter chaque élément tactique, bataillon, escadron et batterie, par un officier. Pour les exercices de corps d'armée et d'armée, au contraire, on ne représentera les régiments ou groupes de batteries divisionnaires que par un capitaine assisté d'un ou deux lieutenants.

L'état-major d'armée sera dirigé par un général avec un

colonel ou sous-chef et au moins six officiers d'état-major, sans compter les adjoints. En outre, on composera les états-majors du génie en cas de siège, d'artillerie pour les batteries de réserve, des parcs et des équipages de pont, les services administratifs et le personnel nécessaire au service des étapes.

Du service et des travaux des officiers. — En principe, les officiers devront se considérer comme les chefs d'état-major et non comme les commandants des différentes unités, et ils devront en conséquence entrer dans tous les détails du service par la préparation des ordres et leur exécution.

Chaque opération, chaque mouvement sera représenté par l'ordre donné et par un rapport sur le résultat; les erreurs commises seront rectifiées par le chef d'état-major de la division.

On proscrira complétement des rapports les récits de faits de guerre et de combats imaginaires.

Sur le terrain, les officiers se tiendront effectivement de leur personne sur les points supposés occupés par leurs troupes, et correspondront comme en réalité, soit par des officiers porteurs d'ordres verbaux, soit par des cavaliers ordonnances porteurs de dépêches.

Pour toutes les missions qu'ils auront à remplir, les officiers tâcheront de s'identifier avec leur rôle; ils ne se mettront en route qu'après avoir bien compris leurs instructions et s'être rendu compte des circonstances qui peuvent se présenter.

Les ordres de mouvements feront connaître la position des fractions voisines, sinon le plan général, afin que chacun puisse se rendre compte de la possibilité de l'exécution des ordres donnés.

Il ne sera pas accordé de secrétaires dans les états-majors

ni auprès des officiers de troupes dans les exercices de division. Il est important que les officiers apprennent tous les détails du service, et il vaut mieux en employer davantage que de leur permettre de s'adjoindre des secrétaires auxquels on s'en rapporterait vite pour les situations, l'enregistrement et l'expédition des ordres et rapports, qui doivent, au contraire, devenir familiers aux officiers appelés à diriger le service.

Chaque officier sera muni d'un registre-journal de marche et d'un carnet à souche et feuilles quadrillées pour les levés ; il en sera porteur, sur le terrain, dans une sacoche sur son cheval. Les chefs d'état-major et chef de corps seront, en outre, détenteurs des registres d'ordres et de correspondance nécessaires, et des imprimés de situations et de rapports faits à l'avance.

Dans la suite, quand ces études seront tout à fait organisées, on expérimentera les différents systèmes de presses et d'omnibus d'état-major destinés à faciliter le service en campagne.

La lecture du remarquable article sur l'organisation des bureaux des états-majors publié dans le *Bulletin* du 12 octobre 1872 nous a suggéré les réflexions suivantes :

Le système proposé par l'auteur, de scinder, au moment de la mobilisation, les états-majors divisionnaires en états-majors actifs et sédentaires paraît tout à fait pratique et susceptible de produire les meilleurs résultats. Seulement la répartition des affaires entre les bureaux nous semble pouvoir être objet à discussion.

Rien de mieux que de subordonner l'aide de camp au chef d'état-major, comme dans la marine, par exemple, et la bonne expédition des affaires ne pourra que gagner à ce que le chef d'état-major soit au courant de toutes les questions.

Mais alors pourquoi ne pas pousser jusqu'au bout les conséquences du principe et faire du bureau dirigé par l'aide de camp le premier bureau de l'état-major?

Avec le système de divisions actives, permanentes et territoriales, tel qu'il est actuellement, la tendance de les organiser, les questions de personnel, de congés, de conseil d'enquête et de correspondance générale ont une connexité trop grande avec les inspections générales pour qu'il n'y ait pas tout avantage à les réunir dans le même bureau.

Ce bureau comprendrait alors :

Correspondance générale; inspections générales; revues trimestrielles; congés et permissions; mutations des officiers; discipline et conseils d'enquête.

Le deuxième bureau serait organisé comme le premier bureau dans le système proposé par l'auteur de l'article cité, et le troisième resterait tel qu'il est.

Quant au cabinet proprement dit, il nous paraît impossible de ne pas laisser à un officier de l'importance et de la position de général de division un officier pour expédier ses affaires personnelles de toutes sortes, qui ne peuvent entrer dans les attributions d'un état-major. Ces fonctions seront attribuées à un lieutenant, qui ne pourra, en raison de son grade, prétendre à un autre service.

Au moment de la mobilisation, le premier bureau et le deuxième sont mobilisés tels qu'ils sont et se partagent le service de la manière suivante : le premier bureau reste chargé de toutes les questions de personnel, mutations, propositions, etc., ainsi que de la correspondance générale. Il centralise, en outre, s'il y a lieu, les rapports politiques et les renseignements des espions. Le deuxième bureau expédie toutes les affaires courantes, telles que ordres, situations, rapports et correspondance pour le service journalier.

Dans une brigade les deux bureaux n'en feront naturellement qu'un, tandis qu'au contraire, à l'état-major du corps d'armée, chaque bureau sera scindé en deux.

Le premier bureau sera chargé de la correspondance générale et du personnel. Le deuxième, de la centralisation des renseignements. Le troisième, des mouvements et opérations. Le quatrième, des situations et de l'administration.

Cette division semble répondre aux quatre principaux besoins qu'il importe de satisfaire : 1º direction générale et partie morale du commandement ; 2º renseignements sur l'ennemi ; 3º mouvements et opérations ; 4º situation et besoins matériels des troupes.

La question relative à la justice militaire aux armées ne nous semble pas résolue ; nous la laissons de côté, d'autant plus qu'elle n'a que faire dans ces exercices.

Des besoins des officiers. — Ces besoins sont de plusieurs sortes. Nous allons les passer rapidement en revue, afin de nous rendre compte de la manière dont cette instruction pourrait être organisée au point de vue pratique.

1º Solde. Ces voyages occasionneront aux officiers des frais qu'il paraît impossible de leur laisser supporter, en raison de la modicité de leur solde ; ils auront en outre à s'équiper presque comme pour faire campagne. Il semble donc juste de leur accorder l'indemnité de route pendant le temps des exercices, à partir de la concentration, et une demi-indemnité d'entrée en campagne une fois payée.

2º Nourriture. Les officiers mangeront ensemble, par groupe d'états-majors, de services ou de brigades, ce qui fera de cinq à huit officiers par groupe. Pour une division d'infanterie, par exemple, l'état-major de la division, l'intendance et le génie formeront un groupe ; chaque brigade en formera également un, ainsi que l'artillerie et la cavalerie ; ce qui fera en tout cinq groupes. Dans chaque groupe, un officier sera chargé des détails et des comptes. En France, ils n'auront pas besoin de matériel et vivront sur place, quitte à bivaquer si cela est nécessaire. En Afrique, il sera alloué deux mulets et cantines par groupes pour la *popote*, et un cuisinier ordonnance.

3° Transports. Les officiers voyageront à cheval, par étapes, et ne prendront les voies ferrées que dans le cas de transport fictif de troupes par les mêmes voies. Les officiers montés emmèneront leurs chevaux avec leurs ordonnances. Les officiers non montés recevront des chevaux de cavalerie sellés et bridés, avec un cavalier ordonnance pour deux officiers.

En attendant qu'une nouvelle réglementation ait assuré le service des états-majors en campagne, toutes les ordonnances de chaque groupe vivront ensemble, sous la direction d'un brigadier, chargé de faire les bons de vivres pour les hommes et les bons de fourrages pour les chevaux, qui seront signés par l'officier de détail.

Toute cette administration sera centralisée et contrôlée par un fonctionnaire de l'intendance. Un maréchal des logis sera détaché à l'état-major de la division avec six cavalier pour le service d'ordonnances porteurs de dépêches. Les chevaux seront tous munis de piquets et d'entraves pour facilite les bivacs.

4° Bagages. Chaque officier n'aura droit qu'à du linge de rechange, porté en route dans une sacoche, sur le cheval de son ordonnance. Cependant, pour les exercices d'une longue durée, il pourra être alloué une tenue de rechange par officier, à raison d'une cantine pour quatre officiers. Cela doit être suffisant, et il faut habituer avec une extrême rigueur les officiers à se contenter de l'indispensable. Ces cantines, portées par des prolonges, seront réunies par corps d'armée, sous la surveillance d'un brigadier du train. Les chefs d'état-major auront droit à une cantine pour les approvisionnements de bureau.

Choix du personnel. — Bon ou mauvais, le système de l'organisation permanente des corps d'armée paraît adopté pour le moment. Ce n'est pas à nous de discuter son opportunité et d'étudier si en principe il n'est pas préférable d'avoir seulement des divisions organisées d'une manière complète, sans les rouages d'états-majors généraux, qui, par la force des choses et pour avoir quelque chose à faire, entraveront et paralyseront l'action divisionnaire. Actuellement il peut être bon, au moment d'une régénération et des études qu'elle comporte, d'avoir des centres d'impulsion pour donner le mouvement et le diriger.

Il semble donc que l'instruction pratique d'état-major doit être organisée par corps d'armée, sous la direction du chef d'état-major général.

Il nous reste à parler de la possibilité de détacher des corps, pendant un certain laps de temps, un assez grand nombre d'officiers pour cette instruction.

Il est certain qu'eu égard aux nécessités de l'avenir et aux ressources budgétaires, on sera obligé d'entretenir et d'instruire des cadres beaucoup plus nombreux que ne le comportera la quotité d'hommes conservés moyennement sous les drapeaux. Persévérer dans le système d'avoir des compagnies de trente à quarante hommes, dont quinze à vingt seulement restent disponibles pour l'instruction, c'est arrêter dans leur source l'action et le zèle des officiers subalternes, et les préparer de la manière la plus fausse au commandement qu'ils auront à exercer en campagne.

Nous verrions donc tout avantage à verser tous les hommes instruits dans deux bataillons par régiment, plutôt que d'avoir trois bataillons et un dépôt fictif. Après l'instruction annuelle des recrues et des hommes de la réserve, les cadres seraient employés à des études et des travaux de tous genres, parmi lesquels figureraient naturellement, pour l'élite de ces cadres, les exercices d'état-major. Le reste pourrait être réuni au centre de la division pour suivre des cours et des conférences annuelles. Tous les deux ou trois ans, les bataillons changeraient de destination et deviendraient, les uns bataillons effectifs et de service, les autres bataillons d'étude et d'instruction.

II. — EXERCICES DE DIVISION.

Il nous semble rationnel de commencer par ces exercices pour bien mettre les officiers au courant du service. Ce que nous dirons d'ailleurs du service divisionnaire ne sera pas à répéter quand nous nous occuperons de l'instruction des corps d'armée.

La division est l'unité stratégique par excellence, et en tant qu'unité elle doit se suffire pour tous les détails du service. C'est donc à pourvoir à tous les besoins de troupes et à les amener dans les meilleures conditions possibles sur le terrain que devra s'attacher l'état-major divisionnaire.

Pour les exercices divisionnaires, le chef d'état-major recevra, en même temps que son ordre de service et la composition du personnel, des instructions précises sur les opérations qu'il aura à exécuter.

Ces instructions peuvent être des plus variées, telles que marche sur un point donné, occupation de telle position dans telle ou telle condition, etc. Pendant le cours des opérations, les instructions peuvent être modifiées, et le chef d'état-major devra prendre les nouvelles mesures qu'elles nécessiteront. Il sera toujours, en un mot, censé être subordonné aux ordres du corps d'armée.

Nous allons examiner rapidement les principaux genres d'opérations auxquels les mouvements peuvent donner lieu, en observant toutefois que tout le service doit être fait par le deuxième bureau de l'état-major divisionnaire, tel que nous l'avons constitué plus haut, et que le premier bureau ne peut avoir d'attributions dans ces exercices.

Concentration et organisation de la division. — Une fois l'ordre de service reçu par le chef d'état-major, ainsi que la composition du personnel, la première opération sera la concentration de la division au point désigné, les troupes étant supposées en garnison dans les lieux habités par les officiers qui les représentent. Les ordres de mouvement prévoiront les différentes circonstances de la route, de manière que les troupes puissent arriver au jour indiqué, et l'état-major de la division prendra les mesures nécessaires pour assurer le casernement, le campement ou le baraquement, ou le cantonnement des troupes.

La division réunie, un ordre n° 1 fera connaître la composition de la division, en désignant les corps et fractions de corps et, entre parenthèses à la suite, le nom des officiers qui les représentent.

Le chef d'état-major s'assurera de l'organisation pratique des groupes d'officiers et d'ordonnances, afin que les travaux, une fois entrepris, ne soient pas entravés par des préoccupations de détail. Il verra à ce que chacun soit muni de ce qui lui est nécessaire, et distribuera les cartes topographiques du terrain d'opération aux officiers, à raison d'un jeu, au moins, de cartes au 1/80000 pour les capitaines et un exemplaire au 1/320000 pour tous les officiers, y compris les lieutenants. S'il existait des feuilles du terrain au 1/40000, des exemplaires en seraient donnés aux chefs de groupes.

La division réunie et le personnel effectif organisé, chaque corps fournira des états de situation, qui seront centralisés à l'état-major de la division, et des rapports sur l'état du matériel porté par les soldats. Il en sera de même des munitions et des équipages, dont on calculera le nombre d'après le strict nécessaire.

L'état-major, de concert avec le fonctionnaire de l'intendance, fera le calcul des approvisionnements en vivres et en fourrages, au point de vue du nombre de rations, du prix, du poids et du volume, et du nombre de voitures nécessaire pour chaque nature de denrées. On fera également l'étude des ressources que peut offrir le pays, dans la zone à parcourir, pour nourrir la division, et le fonctionnaire de l'intendance, sous la direction du chef d'état-major, dont il prendra toujours les ordres, prévoira tous les besoins et assurera la possibilité d'y pourvoir.

D'ailleurs la question des vivres sera constamment suivie à partir de la concentration de la division : on tiendra compte des quantités journellement consommées et des localités qui auront été réquisitionnées, afin de toujours rester dans la mesure du possible; tous les ordres de détail relatifs aux réquisitions, au transport des denrées et aux distributions seront régulièrement donnés à chacun en ce qui le concerne, et en tenant compte des emplacements occupés par les troupes.

Des marches. — La concentration et l'organisation de la division terminées, on procédera aux premiers mouvements, suivant l'esprit des instructions reçues.

L'ordre de marche fera connaître la disposition des troupes dans tous ses détails et les heures de départ de chaque corps. Tous les jours on calculera la longueur des colonnes, l'heure d'arrivée suivant la longueur du trajet et la nature des chemins. Les prescriptions de détail pour le service en route seront donnnées dans chaque corps et relatées sur les registres.

Ces bases élémentaires de la logistique seront étudiées avec le plus grand soin.

On cherchera le meilleur ordre normal de marche suivant la nature du pays, et le fonctionnement qu'il faut adopter d'après la longueur de la colonne, comme le recommande l'excellente conférence du colonel Lewal sur les marches.

Chaque officier tiendra à jour son journal de marche et indiquera les moments des pauses et des grand'haltes, s'il y a lieu. Il est bien entendu que les heures et la nature des repas seront également indiqués sur les journaux de marche, comme tous les détails journaliers du service.

Des rapports seront envoyés tous les jours aux chefs de groupes, qui les centraliseront et en feront un résumé pour le chef d'état-major.

Les bivacs ou les cantonnements, suivant les cas, seront reconnus et déterminés par les soins de l'état-major de la division, et chaque officier fera un croquis au 1/20000 de l'emplacement occupé par ses troupes, en indiquant les mesures d'ordre qui auront été prises.

Lorsqu'on se rapprochera de l'ennemi, les marches prendront le caractère de marches-manœuvres, et les précautions pendant la route et au bivac seront prises comme elles doivent l'être jusqu'à ce qu'on se trouve tout à fait en présence de l'ennemi.

Suivant la supposition faite dans les instructions reçues, le chef d'état-major se fera éclairer par la cavalerie de tel ou tel côté et de telle ou telle manière, et les emplacements pour les grand'gardes seront choisis et les ordres de détail donnés comme ils auraient dû l'être en réalité.

Les dispositions pour la marche, le bivac ou le cantonnement et les précautions à prendre dépendront de la donnée des instructions, et il est inutile d'insister davantage sur ce point.

Si des mouvements ont à se faire en chemin de fer, toutes les dispositions à prendre seront prévues, les heures et la contenance des trains calculées d'après les renseignements pris sur les lieux.

Dispositions tactiques. — Suivant les instructions données, la division arrivera enfin à prendre des dispositions tactiques, soit d'attaque soit de défense.

Cette opération sera faite avec le plus grand soin. Le terrain sera étudié dans tous les détails par les officiers, et la valeur des accidents discutée à tous les points de vue. Le chef d'état-major fera choix des positions, et chacun disposera de sa troupe suivant les indications de son chef. Les emplacements et développement des troupes seront indiqués à l'échelle sur des croquis au 1/20000. On prendra également, dans d'autres cas, des dispositions tactiques en avançant sans avoir pu reconnaître le terrain à l'avance. Suivant les instructions, on pourra passer de l'offensive à la défensive et réciproquement, évacuer des positions, occuper des villes, investir de petites places, etc., etc.; mais pour les combats, les dispositions prises s'arrêteront toujours à l'attaque, pour continuer après le combat, suivant la supposition qui aura été faite.

On profitera de ces études pour rechercher l'ordre de combat qui paraîtra le plus convenable, et l'on fera tous les calculs de temps et d'hommes pour les tranchées-abris et autres travaux de campagne qu'il aura été jugé utile d'exécuter.

Voilà un aperçu des plus sommaires des études qui pourront être faites dans cette première partie de l'instruction, sans avoir affaire à un ennemi déterminé.

Lorsque les officiers commenceront à se familiariser avec

le mouvement fictif des troupes, on pourra opposer deux divisions ainsi organisées l'une à l'autre. Un colonel d'état-major, assisté de deux officiers, fera fonction d'arbitre. Lorsque les divisions seront à proximité, les rapports et les emplacements de troupes lui seront envoyés et il décidera, d'après les dispositions et les opérations de chacun, les mouvements de retraite qui devront en être la conséquence, s'il y a lieu, et les mouvements de l'ennemi, qui devront être connus à la suite des reconnaissances ordonnées. Cette seconde partie de ces exercices est beaucoup plus délicate que la première, et ne devra être exécutée que par des groupes d'officiers déjà bien au courant du service. Il sera seulement donné une idée générale à chaque division, et elles tâcheront de remplir le mieux possible leurs missions.

III. — DES EXERCICES DE CORPS D'ARMÉE.

Le corps d'armée est une réunion de plusieurs divisions, généralement trois ou quatre en comptant la division de cavalerie, qui est destinée à faciliter les mouvements et les opérations d'une armée. Pour que cette formation soit utile, il faut, ou que les divisions dont est composée l'armée soient assez nombreuses, ou que l'armée ait des mouvements d'une certaine importance à exécuter. Si l'armée ne comprend que quatre à cinq divisions, ou si elle est dans une place investie, on paralysera, sans compensation par la création de corps d'armée, l'action du général en chef sur les divisions; c'est d'ailleurs une question toute de circonstance, et la valeur du personnel dont on dispose doit pour beaucoup entrer en ligne de compte.

D'ordinaire, le corps d'armée disposera avec une certaine latitude des éléments qui le composent, afin de les amener au combat dans les meilleures conditions possibles; l'état-major général de l'armée préparera en grand les mouvements des corps d'armée pour assurer l'exécution du plan de campagne.

Nous pensons que si une division est détachée du corps d'armée pour opérer isolément, il sera bon d'adjoindre à son état-major un officier de l'état-major général du corps d'armée pour diriger le service des renseignements. Cet officier, au courant du service centralisé au corps d'armée, sera des plus utiles et servira de trait d'union entre les deux états-majors.

Pour les exercices de corps d'armée, nous ne reviendrons pas sur ce qui a été dit pour le service divisionnaire, et nous examinerons dans le même ordre les principaux genres d'opérations qui peuvent être exécutés par le corps d'armée.

Concentration. — La concentration se fera dans chaque division aux jours et lieux fixés par l'état-major du corps d'armée, auquel il sera adressé un compte rendu sommaire de l'opération, ainsi que les états de situation et les rapports sur le matériel et les approvisionnements.

La question des approvisionnements sera traitée avec le plus grand soin dans tous les détails; seulement la correspondance se fera entre les chefs d'état-major et non entre les fonctionnaires de l'intendance, ceux-ci n'étant chargés que de la recherche et de l'évaluation des ressources du pays et des mesures pour régulariser les réquisitions, concentrer les approvisionnements et faciliter les distributions. Suivant les renseignements donnés par l'intendance, l'état-major donnera les ordres d'exécution sans prendre en charge la responsabilité de la gestion. Il faut, à tout prix, que l'intendance soit subordonnée au commandement et que le commandement, loin de se désintéresser des questions d'approvisionnement, apprenne au contraire à les résoudre et à en tenir le plus grand compte.

Toutes les dispositions à prendre pour les approvisionnements seront suivies pendant toute la durée des opérations.

Organisation du corps d'armée. — Nous pensons qu'à l'occasion de ces études on pourra étudier avec fruit plusieurs modes d'organisation, et nous allons en dire quelques mots à propos de chaque arme.

1° Cavalerie. — La question de la répartition de la cavalerie est encore en suspens : nous pensons qu'il est indispensable de conserver les trois armes actuellement existantes. Dans bon nombre de projets, poussé par l'esprit d'unification qui nous domine, on veut simplifier soi-disant l'organisation de la cavalerie, en supprimant toute distinction entre les armes et en faisant des régiments uns et propres à tout.

C'est grandement méconnaître à la fois la valeur des éléments dont on dispose et le but qu'ils doivent remplir. Le cheval arabe et le cheval de Tarbes sont-ils les mêmes que le cheval normand ? Le cavalier léger doit-il rendre les mêmes services que le cuirassier et le dragon ?

Nous avons dans notre cavalerie trois armes, que quelques auteurs confondent improprement en deux seulement, et qui représentent parfaitement les trois buts auxquels doit tendre la cavalerie : 1° éclairer l'armée et faire le service d'ordonnances ; 2° agir au loin pour exécuter des opérations comme les *raids* américains, et servir sur le champ de bataille à remplir des intervalles ou à repousser les attaques de la cavalerie ennemie ; 3° vaincre les dernières résistances et bousculer la cavalerie ennemie, si elle veut protéger la retraite de l'infanterie.

Cette distinction est bien précieuse, et loin de la supprimer, il faudrait la rendre plutôt plus tranchée en spécialisant davantage les officiers dans chaque arme.

Quelle proportion faut-il donner à ces armes ? Il est incontestable qu'avec les progrès de la culture et la rapidité et la portée du tir, l'emploi de la cavalerie de réserve deviendra plus difficile et plus rare; elle n'en est pas moins nécessaire, et l'on a vu dans nos dernières guerres ce dont auraient été capables ces braves régiments dans d'heureuses circonstances. A Reichsoffen, par exemple, au lieu de les sacrifier inutilement contre de l'infanterie victorieuse, n'aurait-il pas mieux valu les conserver précieusement pour arrêter la cavalerie ennemie, si, comme elle aurait dû le faire, elle avait entrepris la poursuite de l'armée.

Nous pensons qu'une brigade ou une division de cavalerie de réserve par armée de trois corps d'armée suffirait amplement.

La cavalerie de ligne doit être plus nombreuse, et l'on peut compter sur une brigade ou une division par corps d'armée, suivant la nature du théâtre de la guerre.

La cavalerie légère est l'arme essentielle des reconnaissances, et si des troupes de cavalerie de ligne peuvent être envoyées en avant pour des opérations déterminées, elles ne doivent jamais constituer le rideau des extrêmes avant-postes.

La cavalerie légère doit en outre subvenir au service des ordonnances et des escortes, qu'il faut d'ailleurs réduire le plus possible. Nous pensons qu'un escadron doit suffire par corps d'armée pour ce dernier service, en affectant un peloton à l'état-major général et un peloton à chaque état-major divisionnaire, de manière à assurer le service des brigades. Pour les avant-postes, il faudra évaluer à quatre régiments de cavalerie légère la force nécessaire. Si une division opère isolément ou à une certaine distance, on lui donnera un régiment de cavalerie pour s'éclairer; mais lorsque la division sera jointe au corps d'armée, nous pensons qu'il sera préférable, afin de ne pas nuire au service des avant-postes, de laisser la cavalerie réunie dans la main du commandant de corps d'armée.

2° Infanterie. — La distinction entre chasseurs à pied et infanterie de ligne paraît bonne à conserver, et l'on retrouverait difficilement un aussi excellent esprit de corps que celui des chasseurs à pied. Mais au lieu d'en faire une réserve pour le général de division, il semble qu'il y aurait lieu de les attacher spécialement et d'une manière permanente à la garde des batteries divisionnaires, qui sont appelées à beaucoup de hardiesse dans les mouvements, mais qui ont besoin, surtout depuis le nouvel armement, de troupes d'infanterie pour les défendre.

Nous voudrions voir mettre les divisions d'infanterie à trois brigades, afin d'augmenter, autant que possible, la force des unités stratégiques, et de donner une réserve au général de division. Nous n'insistons pas sur la nécessité d'augmenter l'effectif de la compagnie d'infanterie et d'en arriver à en faire l'unité tactique. C'est une grosse question qui fait son chemin et qui demandera à être traitée à part quand il en sera temps.

3° Artillerie. — L'artillerie doit être fort nombreuse. Il faut au moins compter quatre batteries par division de deux brigades, et encore serait-il préférable que les batteries soient à huit pièces. Le corps d'armée aura une réserve d'artillerie égale à la somme des batteries divisionnaires. Ce mot impropre de réserve rappelle les railleries qui accueillaient en France les idées du commandant de l'artillerie de la garde prussienne, à propos de l'emploi de l'artillerie de corps d'armée.

Que ce souvenir nous serve de leçon et nous empêche à l'avenir de confondre les idées avec les mots, la phraséologie avec la vérité. Dans les attaques de villages, qui deviendront de plus en plus fréquentes, nous sommes convaincus que l'emploi de petits obusiers de montagne, comme ceux des compagnies de débarquement de la marine, sera des plus utiles, et il conviendra d'en attacher au moins deux sections à chaque division d'infanterie.

4° Génie. — Deux compagnies par corps d'armée doivent être suffisantes : le génie ne sera plus chargé que des travaux spéciaux, tels que réparation de ponts, de chemins de fer ou construction de gros ouvrages, et l'artillerie exécutera ses travaux propres de campagne et aura ses outils avec les batteries.

Des marches. — Le corps d'armée organisé, les opérations commenceront par les marches, qui devront être l'objet des études les plus sérieuses et les plus attentives, et constituer un véritable cours pratique de logistique. La marche du corps d'armée réuni est le cas le plus fréquent à la guerre, et les officiers devront se familiariser avec toutes les difficultés du problème. L'étude de la conférence du colonel Lewal sera très-profitable, et l'on mettra en pratique les idées saines qu'elle renferme, en évitant la rigueur mathématique des résultats. On s'attachera à prévenir les encombrements sur les routes et à arriver au but le plus facilement et dans le moins de temps possible. On évitera dans l'ordre de marche de rompre les unités divisionnaires, et si faire se peut, on profitera des chemins parallèles que l'on rencontrera. L'ordre de marche devra toujours être réglé en vue de l'ordre de bataille, et la portée des armes et les grandes distances entre les lignes permettront d'augmenter les intervalles entre les fractions de la colonne, de manière que les têtes de colonne de chaque fraction puissent être indépendantes.

La marche du corps d'armée sera éclairée en avant par la cavalerie à une grande distance, et ce service sera l'objet de soins tout particuliers de la part de l'état-major et des officiers de cavalerie qui en seront chargés. Toutes les dispositions de détail relatives au bivac ou au cantonnement, aux grand'gardes et au service intérieur des troupes, seront prises chaque jour comme dans les exercices divisionnaires.

Dispositions tactiques. — Les programmes d'opération peuvent varier à l'infini, mais on en arrivera toujours à des occupations de position et à des déploiements tactiques. Ils se feront comme dans les exercices de division, d'abord après une étude approfondie et une discussion du terrain, puis à première vue, en marchant.

On étudiera avec soin la position des troupes, en tenant compte de la portée des armes, et l'on fera différents essais d'ordre de bataille, en tenant compte du développement qu'il importe de donner actuellement aux fronts et des distances entre les lignes de bataille.

Pour les positions défensives, on aura soin de ne pas abuser des tranchées-abris, ainsi qu'on serait peut-être tenté de le faire ; mais, comme dit un officier général fort connu, l'on se contentera de prendre des points d'amarre dans les positions propices, de manière à en faire les bastions de la ligne de défense. On étudiera également, dans les mouvements offensifs, les points qui peuvent servir de points de résistance contre les retours offensifs, et qui pourront être l'objet de travaux rapides, tels que chemins creux, têtes de ravin, etc. L'artillerie devra s'attacher à l'éparpillement des pièces et à la concentration des feux. Toutes les positions des troupes seront indiquées avec soin à l'échelle, sur des croquis au 1/20000, et l'on fera pour tous les ouvrages et travaux les calculs d'hommes et de temps.

Corps d'armée opposés l'un à l'autre. — Lorsque les exercices se feront bien, et que les officiers auront profité de cette instruction, on pourra opposer deux corps d'armée l'un à l'autre. Le général chef d'état-major général du corps d'armée, assisté de quatre officiers d'état-major, sera l'arbitre des opérations. Il ordonnera les mouvements de retraite nécessaires à la suite des opérations, et décidera des mouvements de l'ennemi, qui doivent être connus à la suite des reconnaissances.

IV. — EXERCICES D'ARMÉE.

Les exercices d'armée ne se feront que sous la direction immédiate du ministère de la guerre, et l'état-major général sera composé d'officiers détachés des bureaux du ministère (1).

On étudiera à ce propos de grandes opérations de guerre et l'on pourra opposer deux armées l'une à l'autre. On comprend que nous ne fassions pas ici un cours d'art militaire et que nous ne détaillions pas les opérations, ces études ayant pour but l'organisation et l'administration des armées, la logistique, la tactique et la stratégie.

Les corps d'armée seront concentrés par les ordres de l'état-major général, et l'on s'attachera avec le plus grand soin à leur bonne direction au point de vue stratégique, de manière à permettre, à un moment donné, d'avoir le plus de forces au point décisif. On exécutera de grandes concentrations, des transports en chemin de fer, des passages de rivière, des mouvements rapides, des investissements, des raids de cavalerie, en tenant toujours compte des conditions d'approvisionnement, de distance, de temps et de la nature du terrain.

Outre l'étude de tous ces points, qui auront déjà été étudiés à propos des exercices de corps d'armée, nous pensons

---

(1) Bien que l'organisation actuelle comprenne un état-major général, il n'y a pas d'officiers d'état-major dans le personnel des bureaux du ministère chargés des opérations militaires, de l'instruction de l'armée, du mouvement des troupes, de la constitution des armées, etc. Voir l'*Annuaire militaire*. (N. de la R.)

qu'il serait bon, à l'occasion des exercices d'armée, de porter l'attention des états-majors sur deux points importants, la mobilisation des troupes en cas de guerre et l'organisation du service des étapes, sur lesquels nous allons dire peu de mots.

1° *Mobilisation des troupes.* — Cette question est des plus importantes, et une prompte mobilisation à un moment donné peut assurer le succès d'une campagne. Les officiers détachés du ministère seront plus en mesure que personne de donner une bonne impulsion à ces études, qui devront comprendre toutes les données du problème pour toutes les armes et aussi bien pour le personnel que pour le matériel.

On étudiera trois points principaux : 1° l'appel des hommes en congé et de la réserve, en tenant compte des distances à parcourir et du temps qui leur sera nécessaire pour arriver aux dépôts de leurs corps ; 2° la distribution aux jeunes soldats du matériel nécessaire et l'obligation d'avoir ce matériel en réserve en quantité suffisante ; 3° la mobilisation des fractions de corps destinées à entrer les premières en campagne.

A propos du dernier point, nous pensons qu'il y aurait tout avantage à mobiliser d'abord le plus d'hommes et le moins de cadres possible, de manière à conserver des éléments pour encadrer le reste des contingents. Deux bataillons à gros effectif se mobiliseraient facilement, et deux autres bataillons, sous le commandement du lieutenant-colonel, formeraient des régiments *bis* destinés à composer les armées de seconde ligne. L'expérience d'une seconde armée comme la garde mobile est déjà faite, ne retombons pas dans les mêmes errements et versons le plus d'hommes possible dans l'armée régulière. L'armée dite territoriale serait alors destinée à la garde des places fortes.

2° *Ligne d'étapes.* — L'organisation de ce service sera également l'objet des études spéciales de l'état-major général, dans les marches en avant, en vue du ravitaillement de l'armée en hommes, matériel et vivres. Un personnel spécial suffisant sera attaché à cet effet à l'état-major, et l'on tâchera de le faire fonctionner le plus possible.

Ces exercices d'armée auront donc une étendue considérable et un but d'études et d'améliorations. On pourra donner des secrétaires aux états-majors, les exercices antérieurs faisant supposer que les officiers sont bien au courant des détails du service.

Les archives des états-majors seront conservées pour être examinées par d'autres groupes d'officiers, qui seront appelés à critiquer les opérations et les mesures qui auront été prises.

RÉSUMÉ

On trouvera peut-être que nous demandons trop de minuties dans les détails et que nous appelons un trop grand nombre d'officiers à prendre part à ces exercices. Ce sont précisément les détails qu'il s'agit et d'étudier et d'approfondir : nous sommes trop disposés à voir les choses de haut et à nous lancer dans la théorie, aux dépens de la pratique. Ces études peuvent être d'une grande utilité pour l'instruction des officiers, mais il ne faut pas qu'elles soient exclusivement faites par une classe à part ; il faut qu'elles soient, au contraire, un lien nouveau entre les différentes armes. A ce prix surtout elles auront de l'importance, pourront aider à voir clair dans des questions encore bien confuses et permettre d'entrer résolûment et d'un pas ferme et décidé dans la voie de la préparation à la guerre.

CH. TANERA, ÉDITEUR

LIBRAIRIE POUR L'ART MILITAIRE ET LES SCIENCES

RUE DE SAVOIE, 6, A PARIS

EXTRAIT DU CATALOGUE

ARTILLERIE (L.') de campagne française; étude comparative du canon rayé français et des canons étrangers. Br. in-8°. 1 fr. 50

BORMANN. — Nouvel obus pour bouches à feu rayées. Br. in-8° avec planche. . . . . 2 fr.

CHARRIN. — Le revolver, ses défauts et les améliorations qu'il devrait subir au point de vue de l'attaque et de la défense individuelles. Br. in-8° . . . . 1 fr.

CHARRIN. — De l'emploi d'un abri improvisé, expéditif et efficace pour protéger le fantassin contre les balles de l'ennemi. Le hâvre-sac pare-balles. Br. in-8° avec figures. . . 1 fr. 25

COYNART (DE). — Précis de la guerre des États-Unis d'Amérique. 1 vol. in-8°. . . . . 5 fr.

COSTA DE SERDA. — Les chemins de fer au point de vue militaire. Extrait des instructions officielles et traduit de l'allemand. 1 vol. in-8°. . . . . 3 fr.

FIX. — La télégraphie militaire; résumé des conférences faites à l'École d'application du corps d'état-major. Br. grand in-8° avec planche. . . . . 2 fr. 50

FRITSCH-LANG. — L'artillerie rayée prussienne à l'attaque de Düppel, d'après les auteurs allemands. Br. in-8° avec carte. 2 fr. 50

GRATRY. — Essai sur les ponts mobiles militaires. 1 vol. grand in-8° avec planches. . . . . 8 fr.

GRATRY. — Description des appareils de maçonnerie les plus remarquables employés dans les constructions en briques. 1 vol. grand in-8° avec de nombreuses gravures sur bois . . 6 fr.

HENRY. — Essai sur la tactique élémentaire de l'infanterie, mise en rapport avec le perfectionnement des armes. Br. in-8° avec figures . . . . 2 fr.

LE BOULENGÉ. — Études de balistique expérimentale. Détermination au moyen de la clepsydre électrique de la durée des trajectoires; expériences exécutées avec cet instrument; lois de la résistance de l'air sur les projectiles des canons rayés déduites des résultats obtenus. Br. in-8° avec planches. . . . 4 fr.

LECOMTE. — Études d'histoire militaire, antiquité et moyen âge. 1 vol. in-8º . . . . 5 fr.

LECOMTE. — Études d'histoire militaire, temps modernes jusqu'à la fin du règne de Louis XIV. 1 vol. in-8º. . . . . . 5 fr.

LECOMTE. — Guerre de la Prusse et de l'Italie contre l'Autriche et la Confédération germanique en 1866; relation historique et critique. 2 vol. grand in-8º avec cartes et plans. . 20 fr.

LECOMTE. — Guerre de la sécession ; Esquisse des événements militaires et politiques des États-Unis, de 1861 à 1865. 3 vol. grand in-8º avec cartes. . . . . 15 fr.

LECOMTE. — Le général Jomini, sa vie et ses écrits. Esquisse biographique et stratégique. 1 vol. in-8º avec carte. 7 fr. 50

LIBIOULLE. — Le revolver Galand, nouveau système à percussion centrale et extracteur automatique. Br. in-8º avec fig. 1 fr.

LULLIER. — La vérité sur la campagne de Bohême en 1866, ou les quatre grandes fautes militaires des Prussiens. Br. in-8º. 1 fr.

MANGEOT. — Traité du fusil de chasse et des armes de précision, nouvelle édition. 1 vol. in-8º avec figures dans le texte et planches . . . . 5 fr.

MARNIER. — Souvenirs de guerre en temps de paix : 1793, 1806 1823, 1862, récits historiques et anecdotiques extraits de ses Mémoires inédits. 1 vol. in-8º. . . . . 3 fr.

MOSCHELL. — De l'effet du tir à la guerre et de ses causes perturbatrices. Br. in-8º. . . . . 1 fr.

ODIARDI. — Des nouvelles armes à feu portatives adoptées ou à l'étude dans l'armée italienne. Br. in-8º avec planche. . 2 fr.

ODIARDI. — Des balles explosibles et incendiaires. Br. in-8º avec planche . . . . 2 fr.

PIRON. — Manuel théorique du mineur ; nouvelle théorie des mines, précédée d'un exposé critique de la méthode en usage pour calculer la charge et les effets des fourneaux, et d'une étude sur la poudre de guerre. 1 vol. grand in-8º avec pl. 12 fr.

PIRON. — Essai sur la défense des eaux et sur la construction des barrages. 1 vol. grand in-8º avec planches. . . . 6 fr.

PLOENNIES (DE). — Le fusil à aiguille, notes et observations critiques sur l'arme à feu se chargeant par la culasse, traduit de l'allemand par E. Heydt. Br. in-8º avec planche. . . . 3 fr.

QUESTIONS de stratégie et d'organisation militaire relative aux événements de la guerre de Bohême, par un officier général (Jomini). Br. in-8º. . . . . 1 fr.

SCHMIDT. — Le développement des armes à feu et autres engins de guerre, depuis l'invention de la poudre à tirer jusqu'aux temps modernes. 1 vol. in-8°, avec 107 planches. . . 10 fr.

SCHOTT. — Des forts détachés, traduit de l'allemand par Bacharach. Br. in-8° avec planche . . . . 2 fr.

SCHULTZE. — La nouvelle poudre à canon, dite poudre Schultze, et ses avantages sur la poudre à canon ordinaire et autres produits analogues. Traduit de l'allemand par W. Reymond. Brochure in-8°. . . . . 2 fr.

TACKELS. — Étude sur le pistolet, au point de vue de l'armement des officiers. Br. in-8° avec figures . . . . 1 fr. 50

TACKELS. — Conférences sur le tir, et projets divers relatifs au nouvel armement. 1 vol. in-8° avec planches . . . 5 fr.

TACKELS. — Étude sur les armes à feu portatives, les projectiles et les armes se chargeant par la culasse. 1 vol. in-8° avec pl. 6 fr.

TACKELS. — Les fusils Chassepot et Albini, adoptés respectivement en France et en Belgique. Br. in-8° avec planches. 2 fr.

TACKELS. — Armes de guerre; Étude pratique sur les armes se chargeant par la culasse; les mitrailleuses et leurs munitions; le canon Montigny-Eberhaerd; le fusil Montigny; les fusils Charrin, Remington, Jenks, Cochran, Howard, Peabody, Dreyse, Chassepot, Snider, Terssen, Albini; les cartouches périphériques, etc., etc. 1 vol. in-8° avec planches. . . . . . 8 fr.

TACKELS. — La carabine Tackels-Gerard, nouveau système de culasse mobile, dite à bloc, à percussion centrale pour armes de guerre. Br. in-8° . . . . 50 c.

TACKELS. — Le nouvel armement de la cavalerie depuis l'adoption de l'arme se chargeant par la culasse. 1 vol. in-8°, avec planches. . . . . 5 fr.

UNGER. — Histoire critique des exploits et vicissitudes de la cavalerie pendant les guerres de la Révolution et de l'Empire jusqu'à l'armistice du 4 juin 1813, d'après l'allemand. 2 volumes in-8° . . . . 12 fr.

VANDEVELDE. — La tactique appliquée au terrain. 1 vol. in-8° avec atlas . . . . 7 fr. 50

VANDEVELDE. — Manuel de reconnaissances, d'art et de sciences militaires, ou Aide-mémoire pour servir à l'officier en campagne. 1 vol. in-18 avec planches . . . . 5 fr.

VANDEVELDE. — Précis historique et critique de la campagne d'Italie en 1859. 1 vol. in-8° avec cartes et plans. . . 12 fr.

VANDEVELDE. — La guerre de 1866 en Allemagne et en Italie. 1 vol. in-8° avec cartes . . . . 6 fr.

VANDEVELDE. — Commentaire sur la tactique à propos du *Mémoire militaire* par le prince Frédéric-Charles de Prusse. Br. in-8°. . . . . 2 fr.

VARNHAGEN VON ENSE. — Vie de Seydlitz, traduite de l'allemand par Savin de Larclause. 1 vol. in-8° avec portrait et plans. 5 fr.

VERTRAY. — Album de l'expédition française en Italie en 1849, contenant 14 dessins, 4 cartes topographiques indiquant les opérations militaires, avec un texte explicatif. 1 vol. grand in-folio. . . . . 10 fr.

WAUWERMANS. — Mines militaires. Études sur la science du mineur et les effets dynamiques de la poudre (application de la thermodynamique). 1 vol. in-8° avec planches . . . 7 fr. 50

WAUWERMANS. — Applications nouvelles de la science et de l'industrie à l'art de la guerre. — Télégraphie militaire. — Aérostation. — Éclairage de guerre. — Inflammation des mines. 1 vol. in-8° avec figures. . . . . 4 fr.

NOUVELLES PUBLICATIONS

BAYLE. — L'électricité appliquée à l'art de la guerre. Br. grand in-8° avec planches. . . . . 3 fr.

BODY. — Aide-Mémoire portatif de campagne pour l'emploi des chemins de fer en temps de guerre, d'après les derniers événements et les documents les plus récents. 1 vol. in-18 avec planches . . . . 4 fr.

FIX. — Guide de l'officier et du sous-officier aux avant-postes, d'après les meilleurs auteurs. 1 vol. in-18 . . . . 2 fr 50

ODIARDI. — Les armes à feu portatives rayées de petit calibre. 1 vol. in-8° avec planches . . . . 3 fr.

PEIN. — Lettres familières sur l'Algérie; un petit royaume arabe. 1 vol. in-12. . . . . 3 fr.

POULAIN. — Lettres sur l'artillerie moderne, canon de 7 et gargousse obturatrice, le bronze et l'acier, mitrailleuse française. Br. in-8° . . . . 1 fr.

SUZANNE. — Des causes de nos désastres; la proscription des armes et le monopole de l'artillerie. Br. grand in-8. . 2 fr.

Paris, Imp. A. Dutemple, rue Bonaparte 64.

www.ingramcontent.com/pod-product-compliance
Lightning Source LLC
Chambersburg PA
CBHW061017050426
42453CB00009B/1483